Sedona Method
Simple Guide

고통스런 감정을 내려놓고 사랑과 평화,
행복으로 가는 길

수잔 크리에글러 Dr. Susan Kriegler
소진영

외관상 불완전해 보이는 것을 내려놓고 완전함을
바라보세요.

평온의 열쇠는 무엇일까요?

그것은 너무도 단순해서 당신을 혼란케 할 수도
있습니다.

바꾸고 싶어 하는 마음을 내려놓으세요.

바꾸고 싶어 하는 마음은 당신 인생에서나 과거의
사건을 포함해서 당신이 좋아하지 않고 달라졌으면 하고
바라는 개인적 경험 안에 있습니다.

이 솔루션의 우아함과 단순함에 마음을 여세요.

이것은 당신을 자유롭게 해줄 힘이 있습니다.

- 레스터 레븐슨

세도나 메서드 심플 가이드

부 제 명 |

발 행 일 | 2018년 10월 11일

지 은 이 | 수잔 크리에글러 / 소진영 옮김

펴 낸 곳 | 주식회사 부크크

출판등록 | 2014.07.15. (제2014-16호)

주   소 | 경기도 부천시 원미구 춘의동 202 춘의테크노파크2단지 202동 1306호

전   화 | 1670-8316

이 메 일 | info@bookk.co.kr

I S B N | 979-11-272-5022-5

목차

1부. 세도나 메서드 심플 가이드

- 수잔 크리에글러

2부. 지금 바로 자유로워라

- 무하마드 라티프

3부. 걷기 명상

- 김어진

1부

세도나 메서드

심플 가이드

수잔 크리에글러 Susan Kriegler

감정의 짐을 없애는 법

내가 좋아하는 기도는 성 프란시스의 기도입니다. 특히 마지막 구절은 이렇게 끝납니다.

"죽는 것이 곧 영원한 생명으로 태어나는 것이기 때문입니다."

이것에 대한 전통적인 해석은, 삶을 완전히 살기 위해서는 욕망을 버릴 필요가 있다는 것입니다. 세도나 메서드는 감정을 '놓아버리는' 것입니다. 달리 말해 "감정적 짐을 제거하고 원하는 인생을 사는 법"을 말합니다.

　세도나 메서드는 레스터 레븐슨이 남은 목숨이 3개월 밖에 되지 않았을 때 개발한 것으로 그는 이 기법을 통해 3개월이 아니라 42년을 더 살고 1994년에 지구를 떠났습니다.. 레스터는 궤양, 편두통, 황달, 신장결석을 앓았고 두 번씩이나 심장마비를 겪었습니다. 두 번째 심장마비는 매우 심각해서 죽음의 문턱에서 간신히 돌아올 수 있을 정도였습니다. 그러나 레스터는 도전을 사랑하는 남자였습니다. 의사로부터 안타깝지만 살날이 2주, 길어야 3개월밖에 남지 않았다는 말을 들었을 때 그는 포기하는 대신 집으로 돌아와 자신의 서재로 들어가서 인생의 답을 찾아보기로 마음먹었습니다. 의사는 반드시 필요한 경우가 아니면 걸어서도 안 된다고 했고 그로 인해 레스터는 며칠 동안 죽음에 대한 두려움으로 고통스러운 날을 보냈습니다. 하지만 어느 순간 그는 살아있는 한 희망은 있기 마련이라는 생각이 들었고, 스스로에게 질문하고 대답하는 형식을 통해 자신의 마음속으로 들어가기 시작했습니다. 그리하여 단호한 마음과 집중력을 통해 레스터는 의식을 뚫고 더 깊은 곳으로 들어가서 자신에게 필요한 것을 발견할 수 있었습니다. 그가 찾은 것은 개인의 성장을 위한 궁극적인 도구였습니다. 바로 모든 내적 한계를 놓아버리는 방법이었습니다. 그는 자신의 발견에 크게 흥분했고 석 달 동안 그 방법을 격렬하게 사용했습니다. 그리고 석 달의 기간이 끝났을 무렵 그의 몸은 다시 완전히 건강해졌습니다.

더 나아가서 그는 심오한 평화의 상태로 들어갔습니다. 그 평화는 그 후로 그가 죽기 전가지 42년 동안 그를 한 번도 떠나지 않았습니다.

레븐슨의 제자 헤일 도스킨Hale Dwoskin는 "세도나 메서드The Sedona Method"라는 저서를 통해 그가 발견한 시스템을 설명합니다. 기본적으로 매우 간단합니다. 그 시스템은 단지 세 가지 질문으로 이루어진 만트라일 뿐입니다. 하지만 400쪽이 넘는 책에서는 기본적 접근법을 더 개발시켜 다양한 상황에서 어떻게 사용하는지에 대한 구체적인 지침을 제공합니다.

　고통스런 감정을 풀어주는 세도나 메서드는 고통의 중심 원인이 생각이 아니라 감정이라는 사실을 정확하게 파악하는 고대의 영적 기법과 비슷합니다. 냉담, 슬픔, 두려움, 욕정, 분노, 자존심 등 고통을 야기하는 거의 모든 주요 감정 뒤에는 "욕구want"가 있다는 것이 이 기법의 창시자인 레븐슨의 경험입니다. 특히 승인, 통제, 안전/생존/안정의 욕구가 기본 바탕을 이루는 근간이라고 합니다. (여기에 네 번째의 또 다른 욕망이 있습니다. 세 번째 욕망이 확장된 것으로서 분리의 욕구가 있습니다.)

　세도나 메서드에서는 고통을 야기하지 않는 감정을 용기와 수용, 평화라고 말합니다. 궁극적인 목표는 마음의 평화입니다.

　기법의 기본적 방법은 다음과 같이 요약할 수 있습니다.

1) 감정을 인식한다.

2) 감정을 느낀다.

3) 감정을 식별한다.

4) 감정이 풀릴 때까지 내려놓는다.

레븐슨은 어느 정도 축복 속에서 산 후에 그것이 여전히 '불완전하다'는 것을 보았고, 더 깊고 평온한 평화, 궁극적인 자유 속으로 녹아들어갔다고 말했습니다.

지금 그리고 여기에서
자유 찾기

　우리는 감정을 억누르고 자신이 그것을 붙들고 있다는 사실을 망각합니다. 심지어 말 표현에서도 그러합니다. 화가 나거나 슬플 때 우리는 보통 "I feel angry(나는 분노를 느낀다)"거나 "I feel sad(나는 슬픔을 느낀다)"는 식으로 말하지 않습니다. "I am angy(나는 화났다)"거나 "I am sad(나는 슬프다)"는 식으로 말하죠. 깨닫지도 못한 채 우리는 자신의 감정을 잘못 인식하고 있습니다. 종종 우리는 감정이 우리를 붙잡고 있다고 믿습니다. 이것은 사실이 아닙니다. 우리는 항상 감정을 통제할 수 있으며 단지 그 사실을 모르고 있을 뿐입니다. 놓아버리는 프로세스를 익히면, 자신의 가장 깊은 감정조차도 표면에 있는 것임에 불과하다는 것을 알게 됩니다. 내면의 가장 깊은 핵심에서 당신은 비어 있고, 고요하며, 평화롭습니다. 우리 대다수가 생각하는 것과 달리 고통도 없고 어둠도 없습니다.

먼저 문제가 아닌 것을 알아차리는 것으로 시작하세요. 최악의 문제조차도 '지금'이라는 현재 순간에 항상 당신과 함께 있는 것은 아닙니다. 당신의 무제한적인 자유의 기본 성격을 인식하세요. 있지도 않은 곳에서 문제를 찾는 습관을 내버리세요.

먼저 청각을 통해 감각을 인식하는 것부터 시작할 수 있습니다. 당신은 이 순간에 들리는 무엇이든지 그냥 환영하고 허용할 수 있나요?

그런 다음 계속해서 청각에 집중합니다. 들리는 내용이 무엇이든지 간에 그것을 둘러싸며 침투하는 침묵을 환영할 수 있나요?

들리는 것과 들리지 않는 것 사이를 오고가면서 느껴보세요.

자신의 생각을 인식하도록 스스로를 허용할 수 있나요? 이 순간에 어떤 생각이 떠오르든지 그대로 환영할 수 있나요?

그런 다음 생각에 계속 집중하세요. 생각의 내용이 무엇이든 간에 그 모든 것을 둘러싼 공간과 거기에 침투하는 침묵을 환영할 수 있나요?

생각에 초점을 맞추면서 공간과 침묵 사이를 오고가면서 느껴보세요.

보이는 것에 초점을 맞춰보세요. 무엇이 보이든지 당신

은 있는 그대로 환영할 수 있나요? 눈에 보이는 모든 이미지와 개체를 둘러싼 공간을 인식하고 받아들일 수 있나요?

잠시 이 두 가지 인식 사이를 오고가면서 느껴보세요.

다음으로 이 순간에 일어나는 어떤 감정이든지 거기에 집중하세요. 당신은 이 순간 어떤 감각이 인지되든지 그대로 환영할 수 있나요?

그 공간을 알아차리고 환영하거나 모든 감각을 감싸는 침묵을 허용할 수 있나요?

두 가지의 인식 사이를 쉽게 오고가면서 느껴보세요.

자 이제, 특정 문제에 집중하도록 허용할 수 있나요? 그와 관련해서 모든 이미지와 소리, 감각, 생각, 감정으로 그 기억을 환영할 수 있나요?

이 문제와 별개로 당신의 대부분의 경험이 어떻게 일어나는지 알아차리도록 허용할 수 있나요?

그리고 그 문제가 겉보기만큼 그렇게 심각하지 않을 수 있다는 최소한의 가능성을 받아들일 수 있나요?

흘려보내기

  1. 기분을 더 좋게 하고 싶은 이슈에 집중하세요. 그런 다음 이 순간 느끼고 있는 무엇이든지 그 감정을 자신에게 허용하세요.

  2. 다음 세 가지 질문 중 하나를 자신에게 던지세요.

- 이 감정을 놓아줄 수 있을까?
- 이 느낌이 여기에 있도록 허용할 수 있을까?
- 이 느낌을 환영할 수 있을까?

3. 이 질문들은 단순히 그렇게 할 수 있는지 여부를 묻는 것입니다. 질문에 대한 답으로 "예", "아니오" 모두 허용될 수 있습니다.

4. 다음에 이런 간단한 질문을 하세요. "그럴까? " 다른 말로 해서 "이것을 기꺼이 놓아버릴 용의가 있을까? " 만약 그에 대한 대답이 "아니오"이거나 확실하지 않으면 "이것을 가지고 있는 것이 좋을까, 아니면 이 감정을 놓아버리고 자유로워지는 것이 좋을까? "라고 자문해보세요.

5. 그런 다음 더 간단한 질문을 던집니다. "언제? " 이것은 지금 내려놓으라고 말하는 하나의 초청장이 됩니다.
당신은 쉽게 내려놓을 수 있음을 알게 될지도 모릅니다. 내려놓음은 언제든지 선택할 수 있는 결정임을 기억하세요.

6. 특정 감정에서 벗어날 때까지 필요한 만큼 위 단계

를 반복하세요.

흘려보내는 것에 저항을 느끼는 경우

잠시 시간을 내서 저항을 완전히 느끼고 허용하는 시간을 가지세요.

- 놓아주는 것에 대한 저항을 흘려보낼 수 있나요?
- 저항을 기꺼이 놓아 보내겠습니까?
- 언제?

승인, 통제, 안전, 분리의 네 가지 욕구 체크

그 느낌은 승인의 욕구 또는 인정받지 못할까봐 두려워하는 것으로부터 오는 것입니까?

(승인에는 사랑하고 사랑받는 것, 수용, 칭찬, 배려, 관심, 이해, 양육, 인기 등이 포함됩니다.)

- 그 승인의 욕구, 상실의 두려움을 환영할 수 있나요?
- 그 승인의 욕구, 상실의 두려움을 내려놓을 수 있나요?
- 그 승인의 욕구, 상실의 두려움을 기꺼이 내려놓겠습니까?
- 그렇다면 언제?

그 감정이 통제의 욕구, 또는 통제력을 상실할까봐 두려워하는 것에서 오는 것인가요?

(통제는 이해하고, 조작하고, 밀어붙이고, 고치고, 강요하고, 자신의 길을 가고, 정상에 오르고, 이기기를 원하는 것처럼 느껴질 수 있습니다.)

- 그 통제의 욕구, 상실의 두려움을 환영할 수 있나요?
- 그 통제의 욕구, 상실의 두려움을 내려놓을 수 있나

요?

- 그 통제의 욕구, 상실의 두려움을 내려놓겠습니까?
- 그렇다면 언제?

그 감정이 안전의 욕구, 또는 안전하지 못하게 될까봐 두려워하는 것으로부터 오는 것인가요?

(안전은 생존, 안정, 복수, 자기 보호, 다른 사람 보호하기, 공격과 방어, 살인 등에 관한 것입니다.)

- 그 안전의 욕구, 상실의 두려움을 환영할 수 있나요?
- 그 안전의 욕구, 상실의 두려움을 흘려보낼 수 있을까요?
- 기꺼이 흘려보낼까요?
- 언제?

그 느낌이 분리를 원하거나 분리 상태를 상실할까봐 두려워하는 것에서 오는 것인가요?

(다른 사람, 사랑, 선(善), 하나님 등과 분리하는 것은 우월감 또는 열등감을 의미한다. 즉, 특별함을 추구하는 것이며 따라서 이것은 오만, 차별, 두드러짐, 단절, 혼자 있음, 자기 연민 등으로 이어집니다.)

- 그 분리의 욕구, 상실의 두려움을 환영할 수 있나요?
- 그 분리의 욕구, 상실의 두려움을 흘려보낼 수 있을까요?
- 기꺼이 흘려보낼까요?
- 언제?

지속적으로 흘려보내기

고통스러운 감정에서 벗어나는 비밀은 지속적으로 내려놓는 것입니다. 즉, 감정을 억압하거나 발산하는 대신 감정이 발생할 때마다 순간순간 렛고(let go)하기를 선택합니다. 감정에 주의를 기울이고, 승인 / 통제 / 안전 / 분리를 원하는지 스스로에게 물은 다음, 내려놓습니다.

지속적으로 흘려보내기를 하면 어떻게 될까요?

감정을 억누르거나 발산할 때보다 더 행복감을 느끼게 됩니다. 에고의 감각이 사라지고 세상이 덜 현실적이고 덜 명확해 보입니다.

항구적인 평화와 행복을 얻고 목표를 성취하기 위해 세도나 메서드를 배우고 사용한다면, 결국에 가서는 여전히 더 나은 무언가, 즉 자유를 원하게 될 수 있습니다. 직접 시험해보세요. 끊임없이 흘려보내세요. 매순간 내려놓는 것을 선택함으로써 그것은 아름다운 새로운 습관이 됩니다.

당신은 더 행복해지고 더 성공할 것입니다. (설사 더 이상 성공에 별 관심이 없다 해도) 그리고 저항에서 자유로워지고 그에 따르는 편안함을 누리게 될 것입니다.

이따금씩 흘려보내기를 한다고 해도 괜찮습니다. 당신의 인생에서 세도나 메서드가 보여주는 커다란 약속을 보고 싶다면, 끊임없는 내려놓음이 모든 차이를 만든다는 사실만 기억하세요.

세도나 메서드에서는 부정적인 감정뿐만 아니라 긍정적인 감정 또한 흘려보내라고 권합니다.

레븐슨은 우리 안에는 아홉 가지 고유한 감정 상태가 있다고 합니다. 무관심, 슬픔, 두려움, 갈망, 분노, 자존심의 여섯 가지 부정적 감정과 용기와 수용, 평화의 세 가지 긍정적인 감정이 그것입니다. 이 아홉 가지는 에너지와 행동의 스케일에 따라 분류된다고 할 수 있습니다. 냉담 혹은 무관심 상태에서는 이용할 수 있는 에너지가 거의 없으며 행동도 거의 취해지지 않습니다. 각각의 감정은 위로 올라갈수록 더 많은 에너지를 가지며 행동할 수 있는 능력을 더 많이 부여합니다.

무관심과 슬픔, 두려움, 갈망, 분노, 자존심을 내려놓기 위해 세도나 메서드를 이용할 때 언제나 그곳에 있었던 진정한 당신인 더 높은 에너지 감정이 드러나고 당신은 용기와 수용, 평화로 나아갈 것입니다. 결과적으로 당신의 삶은 전환되고 모든 것이 당신에게 더욱더 수월해질 것입니다.

이 모델을 더 발전시켜서 레븐슨은 모든 사람이 생각의 근저에 존재하는 네 가지 기본적인 욕망에 의해 동기를 부여받는다고 설파합니다. 승인과 통제, 안전과 분리라는 네 가지 근본적인 동기 부여가 우리의 모든 제약과 한계의 핵심을 이룹니다. 이런 욕구를 흘려보내면 우리는 원하는 것을 가질 수 있고 동기 부여를 유지할 수 있습니다. 그 과정에서 부족과 결핍의식을 버리게 됩니다.

감정을 내려놓는 것이 어떤 식으로든 감정의 죽음을 초

래하지는 않습니다. 정반대가 진실입니다. 그것은 정확하게 당신이 이미 감정을 너무 많이 억제해서 삶의 선과 풍요로움에서 끊어졌기 때문입니다.

감정을 흘려보내는 연습을 하면 일어나는 모든 일을 인식하고 즐기게 되겠지만 어떤 특정한 결과에 집착하거나 괴로워하지는 않을 것입니다. 당신은 평화와 평온 속에 머물게 될 것입니다.

삶의 향상을 가져다주는 여섯 단계

이 6단계는 세도나 메서드의 정수라고 할 수 있습니다. 이 여섯 단계를 프린트해서 얇은 막으로 코팅하라고 제안하고 싶습니다. 그래서 항상 지참하면서 일상에서 내려놓을 필요가 있을 때마다 참조하기 바랍니다. 이 6단계는 다음과 같습니다.

1. 스스로에게 승인과 통제, 안전과 분리를 원하는 것 이상으로 자유를 원하는 것을 허용하세요.

2. 흘려보내고 자유로워질 수 있다고 결정하세요.

3. 모든 감정은 승인과 통제, 안전과 분리라는 네 가지 욕구로 귀결됨을 인식하세요.

그런 다음 흘려보내기를 허용하세요.

4. 지속적으로 흘려보내세요. 혼자 있든 사람들과 함께 있든 매일같이 욕구를 흘려보내세요.

5. 뭔가에 집착하거나 사로잡혀 있을 때 집착하고 싶은 욕구 또는 해방되고 싶은 욕구까지도 흘려보내세요.

6. 흘려보낼 때마다 점점 더 가벼워지고 행복해지는 자신을 느껴보세요.

감정을 풀어주는 방법에 대한 팁

1. 머리에서 가슴으로.

감정을 다룰 것이기 때문에 가슴 영역에서 작업하는 것이 이치에 맞습니다. 의식을 머리에서 가슴 부위로 옮겨 그곳에 주의를 기울이세요. 초점의 이동을 돕기 위해 심장을 의식하면서 몇 차례 심호흡을 하는 것도 도움이 됩니다.

2. 느낌을 정의하세요.

당신을 괴롭히는 문제를 선택한 다음 자기 자신에게 질문하세요. <이 문제>를 생각할 때 지금 어떤 느낌이 드는가?

예: <내일 있을 프레젠테이션>을 생각할 때 느껴지는 감정이 무엇인가?

반응 : 나는 두려움을 느낀다.

팁 : 머리로 돌아가서 분석하고 논리를 펴고 싶은 유혹을 피하세요. "발표 내용을 잊을까봐 두렵다. 그러면 사람들은 나를 바보로 생각하겠지. 그런 다음...." 이런 식의

분석이 머리로 돌아가는 행위입니다.

세도나 메서드의 아름다움은 사고의 합병증에 얽매이지 않아도 된다는 것입니다. 단순히 감정만을 가지고 작업하면 됩니다. 감정을 풀어놓음에 따라 생각도 자연스럽게 사라집니다.

팁 : 느낌을 정의하기가 어렵다면 단순히 "불편한 느낌" 같은 말로 정의해도 괜찮습니다.

3. 느낌을 환영하세요.

다음 단계는 최선을 다해 감정을 환영하는 것입니다. 자신에게 물어보세요.

이 느낌을 환영할 수 있을까?

부드럽게, 가능한 한 감정이 최대한으로 느껴지도록 허

용하세요.

그것이 어떤 느낌인지 주목하세요. 예를 들어, 가슴에 긴장감이 있거나 슬픔이 느껴질 수 있습니다. 또는 수축의 감각이 활발해질 수도 있고, 아니면 아무 것도 감지하지 못할 수도 있습니다. 어느 쪽이든 다 괜찮습니다.

때로는 이 단계만으로도 감정이 사라지기도 합니다!

팁 : 감정을 완전히 환영하는 것이 너무 두려운 경우 지금 당장 할 수 있는 만큼만 감정과 접촉해도 됩니다. '강한 분노' 이런 식으로만 표현해도 괜찮습니다.

4. 세 가지 질문을 하세요.

이제 세도나 메서드에서 핵심이 되는 세 가지 질문을 할 준비가 되었습니다.

- 모든 질문에 대해 가슴으로부터 답하세요. 이것은 자

신의 직감과 직관을 신뢰하는 것을 의미합니다.

- 처음 두 질문은 단순히 '예', '아니오'로 답하세요.

(1) 이 〈두려움〉을 내려놓을 수 있을까?

(2) 내려놓을까?

(3) 언제?

팁 : 질문 1과 2의 대답이 '아니오'로 나온다고 해도 괜찮습니다. 어쨌든지 감정은 풀어졌을 것입니다. 그렇지 않다면 다시 질문을 던질 수 있습니다.

팁 : 왜 흘려보낼 수 없는지 해석하고 설명하려는 생각이 침투하기 시작하면 그냥 가슴 영역으로 주의를 돌리고 자신의 감정에 집중하십시오.

(4) 필요한 만큼 반복하세요.

감정을 내려놓는 것은 양파의 껍질을 벗기는 것과도 비슷합니다. 때로는 감정이 빠르게 해소되기도 합니다. 다른 때에는 3번과 4번 단계를 되풀이하는 것이 필요합니다. 좋은 소식은 한 번 사라진 감정은 영원히 다시 돌아오지 않는다는 것입니다!

<프레젠테이션> 문제뿐만 아니라 어떤 두려운 감정도 같은 방식으로 흘려보낼 수 있습니다.

세도나 메서드의 릴리징releasing 기법을 사용하면 문제를 둘러싼 감정을 흘려보내는 것이 놀라울 정도로 쉽고 빠릅니다. 간단히 반복하자면, 가슴 영역으로 주의를 돌리고 현재의 감정을 확인한 다음 그 감정을 환영합니다. 그런 다음 자신에게 물어봅니다. 나는 이감정을 내려놓을 수 있을까? 내려놓을까? 그렇다면 언제?

원하지 않는 것 피하기

마음의 백그라운드에서 승인을 바라고 통제하고 싶어하며 안전 또는 분리의 욕구가 실행되고 있음이 분명하지만, 우리가 이것을 부정하는 방식이 항상 명확하지는 않습니다.

승인의 욕구를 예로 들어보겠습니다. 인정과 승인을 얻지 못해 불만족스러운 고통을 피고 싶다면, 당신은 비난이나 반대를 피해야한다고 결정할지도 모릅니다. 그것은 어떤 모습일까요? 당신은 두려워하는 비난을 당신에게 줄 가능성이 있는 상황과 사람을 피할 수 있습니다. 또한 누군가의 승인을 필요로 하거나 원하지 않는다고 생각하며 거절당하지 않기 위해서는 타인의 승인을 얻으려하지 말아야한다고 스스로를 설득할 수도 있습니다.

통제의 욕구와 안전의 욕구에 있어서도 마찬가지입니다. 당신은 항상 행복, 성공, 돈, 통제, 안전 및 자기 결정이 중요하지 않다고 말하면서 운명에 대한 통제력도 거의 없고 불안한 상태가 계속되는 삶에 그냥 적응해서 살기로 결정할 수도 있습니다.

이런 회피는 아무것도 이루지 못합니다. 이런 만족을 이루지 못하는 욕망은 여전히 당신을 운전하고 마음의 평화에서 이탈하게 만들고 있습니다. 하지만 당신은 이런 사실을 부정하고 고착되어 있습니다. 이것에 대해 당신은 무엇을 할 수 있나요?

솔직해집시다. 당신은 진정 무엇을 바라나요? 뭔가를 원한다면 내려놓고 얻으세요. 그것이 한 번의 키스이든, 새 친구나 가정의 평화, 직장에서의 성공이든 장난감이든 마찬가지입니다. 많은 사람들이 실패를 두려워해서 꿈을 포기합니다. 또 성공이 두려워서 꿈을 좇지 않는 사람들도 있습니다! 용감하게 두려움을 직면하세요. 그리고 그 모든 것을 흘려보내세요.

성공을 다룰 수 있다면 무엇이든지 할 수 있습니다. 릴리징과 함께 더 많이 통제하고, 더 안전해지고 더 많이 인정받고자 할 때 튀어나오는 여섯 가지 부정적인 감정을 떨어뜨릴 수 있습니다. 당신은 더욱더 좋아질 것입니다!

욕구 흘려보내기

왜 바라는 마음을 흘려보내야할까요? 원한다는 것은 결핍의 상태를 가리킵니다.

성경에서 말하는 대로, 없는 자는 있는 것도 빼앗길 것입니다. 그러나 있는 자에게는 더욱더 더해질 것입니다. 이것은 에너지가 작동하는 보편 법칙입니다. 이것이 끌어당김의 법칙의 기초입니다. 이미 가지고 있는 것처럼 느끼고 행동한다면, 당신은 더 많은 것을 끌어당길 수 있습니다.

집착은 우리가 가까이 붙들고 싶어 하는 것입니다. 혐오는 멀리 떨어뜨리고 싶은 것입니다. 둘 모두 공통적으로

'~하고 싶다'는 욕구를 근간으로 합니다. 이것이 우리의 불필요한 모든 고통의 원인입니다. 붓다가 말했듯이, 자유는 집착과 혐오를 내려놓는 것입니다. 욕구를 내려놓고자 한다면 다음 질문을 스스로에게 해보십시오.

- 나는 자유보다 승인을 더 바랄 것인가?
- 나는 자유보다 통제를 더 원할 것인가?
- 나는 자유보다 안전을 더 바랄 것인가?

모든 욕구에는 정반대의 것이 들어 있습니다

흥미롭게도 각각의 욕구에는 반대의 성질 또는 힘이 담겨 있습니다.

욕구는 우리 안에서 결핍을 창조할 뿐만 아니라 다음과 같은 다양한 갈등 또한 을 경험하게 합니다.

- 통제하고 통제받기를 바라는 마음 / 통제에서 벗어나고자하는 욕구
- 인정받고 싶은 마음 / 타인의 승인과 인정에서 벗어나고자하는 마음
- 안전을 바라는 마음 / 안전지대에서 벗어나고자하는 마음
- 떨어져 있고 싶어 하는 마음 / 통합하고 싶어 하는 마음

우리들 대부분이 이 중간 어딘가에 갇혀있다는 것이 이상하지 않나요?

원하는 마음을 내려놓음에 있어 승인과 통제, 안전 또는 분리를 놓아버리라는 요청을 하는 것이 아님을 기억하세요. 단지 그것이 부족하다는 느낌, 원한다는 감정을 내려놓으라는 말입니다.

문제나 의도, 목표에 초점을 맞추세요.

그것에 대해 느껴지는 감정을 최대한 환영하세요. 그런 다음 질문하세요.

이 감정은 어떤 욕구로부터 오는 것일까?

- 승인 / 거절
- 통제 / 통제력의 상실
- 안전 / 불안 또는 소멸의 욕구
- 분리 / 통합

레스터의 강의를 듣거나 글을 읽었다면, 그가 높은 차원에서 흘려보내는 것에 대해 이야기하는 것을 본 적이 있을 것입니다. 이것은 부정적인 감정을 흘려보내기 전에 높은 감정 상태로 들어가는 것을 의미합니다. 그러면 훨씬 더 자원이 풍부한 상태에 있게 되고 무거운 쟁점을 훨씬 쉽게 흘려보낼 수 있습니다.

레스터 기법의 핵심 원칙은 목표를 달성하는 방식으로 부정적인 감정을 폐기하기 전에 먼저 목표가 이루어진 상태에 들어가는 것입니다. 동시에 스텝 1을 분명하게 해야 합니다. 목표를 원하는 것보다 자유를 더 원한다고 마음먹어야합니다. 그러면 마치 목표를 얻으려고 분투하는 것보다 오히려 더 위에 있는 자리에서 목표를 내려다보는 것처럼 됩니다.

그런 자유로운 상태에 어떻게 들어갈 수 있을까요?

그렇게 마음먹으면 됩니다! 그것이 지금 이 순간 어떻게 느껴질지 상상할 수 있는 척하세요. 실제 상상할 수 있습니다. 그 자리에 있다면 어떻게 앉고 어떻게 숨을 쉬고 몸에서는 어떤 기분이 느껴질까요? 이것은 지금 그리고 여기에서 그 상태를 창조하기 위해 약간의 상상력을 이용하는 것입니다. 그런 것처럼 느끼세요. 할 수 있습니다!

자유로운 상태를 유지하기

평소처럼 흘려보내기를 하세요. 집착과 혐오를 사용하는 것도 좋습니다. 양 극단을 모두 내려놓고 자유로운 상태에 들어갔는지 확인하세요. 그렇지 않다면 다시 돌아가서 흘려보내세요.

부정적 감정 차트

    부정적인 감정 차트는 자신의 감정 상태를 놀랍도록 정확하게 보여줍니다. 감정의 지도를 나타내는 많은 자기계발서와 기법을 보았지만, 매우 이해하기 쉬운 방식으로 다양한 감정 상태에 대한 포괄적인 차트를 제공함에 있어 이 책들 중 어느 것도 세도나 메서드와 릴리징 기법에 근접도 하지 못한다고 단언할 수 있습니다.

용기와 수용

부정적 감정 차트는 용기와 수용의 감정 상태는 모두 사랑에 기초하고 있다고 말합니다. 수용에는 다음과 같은 동의어가 포함됩니다. 친절함. 자비로움, 포용, 사려 깊음, 동정심과 이해심 등. 이런 자질 없이 어떻게 사랑에 빠져들 수 있겠습니까?

자기 자신과 다른 사람을 향하는 사랑에 빠져들기 위해서는 깨어 있음, 즐거움, 열정, 유능함, 자신감, 단호함, 유연함, 독립심, 봉사심 등과 같이 용기 속에서 찾을 수 있는 자질을 가질 필요가 있습니다. 이러한 필수적인 자질 없이는 아무리 원한다 해도 다른 사람들에게 충분하게 봉사할 수 없습니다. 이런 자질이 없이는 사람들은 마음이 결여되어 움직이다가 멈추고 의사결정도 내릴 수 없고 따라서 힘들어지면 포기해버릴 수 있습니다.

용기와 수용, 평화는 사랑에 순복(順服)하는 상태입니다. 예를 들어 불길함(두려움), 소심함(두려움), 죄책감(슬픔), 냉담(무관심), 좌절(욕망과 분노), 강박(정욕) 또는 독설(자존심) 등을 내뱉는 성향이 있다면, 그 사람은 사랑을 한다고 말할 수 없습니다. 이런 성향을 가진 사람이 있다면, 그 사람의 인생이 왜 그렇게 잘 풀리지 않는지도 별로 궁금하지 않을 것입니다.

부정적인 감정 차트

승인, 통제, 안전, 분리의 욕구

무관심	슬픔	두려움	욕망	분노	자존심
지루함	자포자기	걱정	단념	짜증내는	오만한
이길 수 없는	학대받는	신중한	기대	공격적인	떠벌리는
차가운	비난하는	소심한	성급한	괴롭히는	똑똑한
죽은	부끄러운	방어적인	공격적인	논쟁적인	의기양양한
패배	배반	불신	갈망	들끓는	자만심
우울한	실망한	두려워하는	요구하는	번민	경멸
부도덕한	괴로운	회피하는	교활한	반항적인	비판적인

환멸스러운	당황하는	필사적인	강박적인	혐오스러운	독단적인
숙명적인	잊혀진	겁에 질린	부러워하는	격정적인	허위의식
고갈된	죄책감	히스테리	고착된	좌절	고소해하는
실패	상심	불안한	광란의	맹렬한	위선적인
희망 없는	상처	신경질적인	탐욕스러운	가혹한	판단하는
할 수 없다	무시	패닉	굶주림	증오	잘난체하는
우유부단	부적절	편집증	나는 원한다	적의	나는 옳다
관심 없는	불공정	비밀스러운	참을성 없는	분개	고집스러운
너무 늦은	갈망하는	수줍은	조종하는	자극적인	뽐내는
게으른	손해	의심	비참함	질투	정당한
잃어버린	비탄	무대 공포증	가져야만 해	살인	엄격한
무감각한	무신경	회의적인	충분치 않아	격노	거드름 피는
압도적인	불쌍한 나	긴장	사로잡힌	저항하는	속물의
무력한	유감의	위협	소유	성마른	특별한
집착하는	거절당한	갇힌	뻔뻔스러	짓궂은	버릇없는

			운		
산만한	고문	불확실한	무자비한	사악한	완고한
해서 뭐해?	사랑받지 못하는	상처입기 쉬운	이기적인	폭력적인	용서하지 않는
쓸모없는	상처받은	근심	제멋대로의	격렬한	헛된

긍정적인 감정 차트

(흔들리지 않는 평화)

용기	수용	평화
모험심	풍요	영원
깨어 있는	사랑	인식
살아있는	균형	존재
자신 있는	동정	무한
확실한	기쁨	고요함
기뻐하는	포용	중심
명쾌함	감정이입	완벽
유능한	풍부한	밝은
자신감	친밀한	자유로운
창조적인	충만한	완성된
대담한	부드러운	빛나는
단호한	은혜로운	빛

역동적인	조화	개방
열정적인	직관적인	온전한
유연한	즐거운	순수한
아낌없이 주는	감사하는	고요함
유머	열려 있는	청명함
독립적인	쾌활한	공간
자발적인	빛나는	상냥한
통합	부드러운	시간을 초월한
낙천적인	온화한	평온
안전한	이해하는	한계가 없는
강함	웰빙	전체
통찰력이 있는	경이로운	선(禪)

분노

정기적으로 분노의 상태에 있다면 자기 자신이나 다른 사람에게 충분하게 봉사할 수 없습니다. 이 분노에는 거슬리는, 공격적인, 논쟁적인, 우울한, 까다롭고 질투하는 등의 동의어가 포함됩니다. 정기적으로 화를 내거나 질투를 표현하면, 그 분노는 우리가 사랑한다고 말하는 사람들에게 쉽게 돌아갈 수 있습니다. 이것은 특히 승인의 욕구가 자선행위의 동기가 되고 다른 사람의 감사로 충족되지 않는 것이 바람직할 때 더욱 그러합니다.

무관심과 슬픔

냉담하거나 슬픔에 빠진 상태라면 다른 사람이나 자신을 위해 좋은 일을 거의 할 수 없습니다. 무관심에는 우울한, 고갈된, 우유부단한, 게으른 그리고 주의가 산만한, 해서 뭐해? 등이 포함됩니다.

평화롭고 용감한 삶을 사는 데에는 결단이 필요합니다. 무관심이나 슬픔은 역경이 닥쳤을 때 계속 나아가려는 의지와 능력을 앗아갑니다. 실제로 관심이 없다면 가장 단순한 일조차 해낼 에너지가 부족할 것입니다.

욕망

한 번에 뭔가를 저지르기에 충분한 에너지를 가진 욕망 (또는 정욕)조차 사람들에게 제대로 봉사할 수 없습니다. 욕망의 동의어로는 교활한, 충동적인, 부러워하는, 참을성 없는, 조종하는, 뻔뻔스러운 등이 포함됩니다.

뭔가를 원하는 욕망에 빠질 때 네 가지 욕구 중 하나 이상에서, 그리고 어쩌면 그 반대되는 것 중 일부가 작동하고 있을 것입니다. 욕망의 상태에 있을 때 사람들은 종종 친절하고 우호적이며 도움을 주는 행동을 하기도 합니다. 하지만 무의식적으로, 그리고 어쩌면 의식적으로도 어떤 식으로든 자신의 요구를 성취하고자하는 강박 하에서 그런 행동을 할 가능성이 높습니다.

승인과 거짓 사랑의 욕구

승인의 욕구는 사람들을 위해 좋은 일을 추구하는 이들에게 커다란 동기 부여제입니다.

나는 남편을 사랑하고 아내를 사랑한다고 말하는 많은 사람들을 보았습니다. 하지만 그들은 결혼생활에 많은 시간과 노력을 기울이고 파트너와 대화의 시간을 가졌음에도 기대했던 보상이나 관심, 감사를 얻지 못한다고 불평합니다.

갇혀버린 감정을 흘려보내야할 필요성

부정적 / 긍정적 감정 차트는 왜 다른 사람들에게 친절을 베풀기위한 최선의 노력이 기대를 저버리거나 성취감을 주지 못하는 것처럼 보이는지에 대한 단서를 제공할 수 있습니다. 우리는 행동과 관련하여 자신의 감정 상태에 집중함으로써 진정한 의도를 더 잘 알 수 있습니다. 이것은 누군가를 병적 성찰의 상태로 놓으려는 것이 아니라, 단순히 감정을 인식해서 효과적으로 흘려보내기 위한 것입니다.

흘려보내지 않으면 이런 부정적인 감정은 무시되거나 억압되어 잘못된 방식으로 표현됩니다. 억압된 감정은 종종 감정이 너무 많이 들어갈 때, 기회가 나타날 때 (최소한 그것을 기대할 때) 다른 채널을 통해 표현됩니다. 릴리징을 이렇게 갇혀버린 감정을 놓아 보내는 수단으로 "압력 밸브"를 여는 장치로 볼 수 있습니다.

흘려보내기 vs 긍정적 사고

일련의 규칙에 따라 사는 것은 효과가 없습니다. 원칙을 따르고 축복의 수단으로서 긍정적 태도를 유지하는 것을 옹호하는 많은 종교적 서적이 있습니다. 또한 매우 유사한 가르침을 펴는 세속적인 자기계발 서적도 넘칠 정도로 많습니다. 이 모든 방법들에서 모든 책임은 긍정적으로 생각하는 지지자에게 부과됩니다. 하지만 그것은 종종 실천보다 말이 더 쉽습니다! 릴리징은 이 딜레마에 대해 감정과 그 근원적 욕구를 내려놓는 능력을 허용함으로써 단순하고 효과적인 해결책을 제시합니다.

레스터의 관점에서
본 사랑

레스터 레븐슨은 종종 사랑은 인간 경험에서 가장 자주 사용되지만 가장 크게 오해되는 말이라고 했습니다.

우리 대부분이 사랑이란 말에 떠올리는 것은 고등학교 시절의 첫키스나 배우자와 처음 만났을 때입니다.

"사랑에 빠지면" 실제 우리의 피에서는 화학적 반응이

일어나고 우리는 고양감과 아찔한 기분을 느낍니다. 한동안 세상은 축복받은 곳이 됩니다. 우리는 사랑의 콩깍지가 쓰인 눈으로 사랑하는 사람을 보면 우리 눈에 그 사람은 완벽한 존재입니다. 나는 종종 이것을 약에 넣을 수만 있다면 끔찍한 마약 문제를 해결할 수 있을 거라고 생각한 적이 있습니다.

레스터는 인간의 사랑은 주님이 사랑을 정의하는 것과 완전히 다르다고 했습니다. 그는 주님, 하나님의 사랑이야말로 진정한 사랑이라고 했습니다. 그리고 인간의 사랑은 매우 제한적인 사랑이라고도 말했습니다.

"날 위해 이것을 해줘. 그러면 널 사랑할게." "내가 널 위해 이러저러한 것을 하겠어. 그러면 넌 나를 사랑하게 될 거야."

라틴어로 "Quid Pro Quo"라는 말이 있습니다. "이것에 대한 저것"이라는 의미입니다. 이런 상호작용, 상호관계의 법칙은 어디에나 있습니다. 그리고 소위 이런 사랑은 부분적으로 어떤 종류의 바람직한 결과를 위한 인간 행위의 한 유형입니다. 그것은 가족계획, 유망한 사업 전망 또는 무수히 많은 다른 욕망에 찬 환상일 수 있습니다.

이런 환상은 효과가 있을 수도 없을 수도 있습니다. 그리고 설사 효과가 있다고 해도 사랑 주식회사가 살아남는다는 보장은 없습니다. 어쨌든 사랑의 칵테일은 항상 우리 마음 안에 있습니다. 그래서 우리가 많은 불륜과 사랑싸움에 대해 듣게 되는 것입니다. 칵테일을 만든 장본인이 더 이상 사랑의 칵테일을 조제할 수 없는 것입니다. 익숙하게 들리지 않나요?

뉴욕시에서 즉흥적으로 짧은 강의를 했을 때 레스터는 이런 강력한 성명을 발표했습니다.

"사랑하고, 사랑하고, 사랑하세요. 그러면 당신은 행복하고 건강하고 풍요로워질 것입니다!"

어떻게 그럴 수 있을까요? 비밀은 레스터의 사랑의 정의에 있습니다. "사랑은 완전히 자기를 비우는 것입니다. 자신이 원하는 것이 아니라 다른 사람이 원하는 것을 원하는 것입니다."

사랑은 **"나는 바로 당신"**이라는 것을 아는 것입니다. 감정 차트에서도 사랑은 매우 높은 위치를 차지하고 있습니다. 그러므로 우리는 스스로에게 이렇게 물어야합니다. "나는 정말로 사랑하고 있는가?" 아마도 대부분의 경우 아니라는 답이 올라올 것입니다. 반려동물이나 아기를 사랑할 때, 우리는 이 사랑을 느낍니다. 사랑은 받기를 생각하지 않고 다른 무엇을 바라지 않으며 주는 것입니다. 어렵나요? 레스터에 따르면 어렵지 않습니다. 그는 "사람들을 사랑하는 것은 가장 쉽게 할 수 있는 일입니다."라고 말했습니다.

그렇다면 사람들을 사랑하는 것이 왜 그렇게 힘들어 보

이는 걸까요? 얼마나 많은 사람들이 "사람들이 개처럼 사랑하기 쉽다면 얼마나 좋을까? " 하는 들어봤을까요?

그 이유는 간단합니다. 우리는 귀가했을 때 강아지가 집에서 꼬리를 흔들거나 함께 산책하는 것 등을 바랍니다. 그리고 강아지는 우리를 있는 그대로 사랑하고 따릅니다. 우리는 강아지 어제 꾸짖었던 일이나 좋아하는 쿠키를 깜박 잊어 사오지 않은 것을 잊어주기 바랍니다. 이것은 개들이 현재 순간에 존재하기 때문에 그들에게는 쉬운 일입니다.

우리 인간은 거절을 두려워하기 때문에 사랑하는 것을 힘들어합니다. 우리는 더 많은 상처로부터 스스로를 보호하고 다가올 것이 분명한 고통을 덜기 위해 자기 주변에 벽을 세웁니다. 우리는 사랑을 주는 것이 안전하다고 느끼지 않으면서 사랑을 원합니다. 레스터는 "원한다는 것은 가지지 못함과 동의어"라고 말했습니다. 그러므로 사랑을 원할 때 우리는 사랑과 반대되는 것 또는 저항을 만들어

냅니다. 레스터는 종종 "모든 느낌은 비(非)사랑의 느낌이다"라는 말이 들려왔다고 합니다. 두려움, 자만, 슬픔, 무관심 등은 모두 비애(非愛)의 표현입니다. 따라서 사랑을 바라는 욕구를 내려놓을 경우, 사랑이 아닌 수천 가지의 감정도 따라서 내려놓게 됩니다.

사랑은 매우 높은 차원의 상태이기 때문에 우주 전체와 조화를 이룹니다. 마음이 생각과 감정 없이 고요할 때 과거와 욕구의 짐에 얽매이지 않은 자아의 모든 힘을 이용할 수 있습니다.

항상 사랑한다면 우리는 매우 성공적이며 행복한 삶을 누릴 수 있습니다. 완전히 사랑하면 놀랍게도 우리가 추구하는 모든 지식을 받을 수 있습니다. 그렇다면 무엇이 이 사랑을 가로막는 걸까요? 우리는 비-사랑의 감정을 붙잡는 것이 우리를 보호하리라고 생각하지만, 실제 그것은 더 많은 고통과 역경을 안겨줄 뿐입니다.

우리는 거절의 두려움 때문에 거절당합니다. 그 사람에 대한 분노는 다시 다른 사람에게도 분노하게 만드는 원인이 됩니다. 또한 사랑은 매우 높은 상태이기 때문에 비-사랑과 모든 부정적인 감정을 자동적으로 더 높은 에너지의 차원으로 끌어올립니다. "조건 없이 사람들을 사랑하는" 것을 목표로 삼는다면, 그것은 비-사랑의 감정이 담긴 혼의 둥지를 휘저을 것입니다. 그렇기 때문에 친밀한 관계, 특히 결혼은 너무도 많은 비-사랑의 감정을 휘저어서 흘려보내는 연습을 할 수 있는 멋진 장소입니다.

진실을 잊지 마세요. 진실을 기억할 때마다 당신은 세상에 더 많은 빛을 가져옵니다.

목표 설정 및 달성

이 절차에는 세 단계가 포함됩니다.

- 목표를 경험하기
- 흘려보내기
- 그리고 성취하기

목표를 공식화하기

- 이미 달성된 것처럼 현재시제로 적는다
- 긍정적인 표현을 쓴다
- 현실적이고 달성 가능한 느낌을 주도록 작성한다
- 진술에 '나'란 말을 포함한다
- 정확하고 간결하게
- 구체적이지만 제한적이지는 않게

기억해야할 것

- "원한다"는 말을 제거한다
- 흘려보내기를 실천한다
- 절차나 수단이 아닌 최종결과를 진술한다

● 목표를 용기나 수용 또는 평화에 연결시킨다

예.

나는 .... 또는 무조건적으로 내 자신을 사랑하고 받아들인다.

나는 나의 이상적인 몸무게를 쉽게 달성하고 유지할 수 있다.

나는 내 몸을 날씬하고 건강하게 유지하게 해주는 음식을 즐겨 먹는다.

나는 내 자신의 정서적 안녕과 마음의 평화를 촉진시키는 생활방식과 습관을 쉽고 자연스럽게 확립하고 유지한다.

나는 그 사람의 성장과 자유를 기꺼이 지지하고 응원한다.

나는 그 사람이 바라는 바를 가지고 성취하도록 응원한다.

나는 그 사람과의 관계가 쉽고, 편안하고, 조화로우며, 사랑스럽고 개방적이며 상호이익이 되도록 허용한다.

나는 내 사업이 효율적이고 성공적으로 운영되도록 허용한다.

나는 충만함을 느끼고 내가 제공하는 훌륭한 서비스에 대해 풍부한 재정적 보상을 받는 것을 스스로에게 허용한다.

나는 창의적인 능력과 재능을 활용하고 풍부한 재정적 보상을 제공하는 직업을 쉽게 찾고 개발한다.

나는 삶에서 좋은 것들을 모두 가지며 즐긴다.

생생하게 상상하기

상상력을 사용하여 마음속으로 목표를 달성했을 때의 모습을 그리세요.

"아니, 나는 이걸 가질 수 없어."라든가 "이것은 환상에 불과해."라고 말하는 느낌이 있는지 확인하세요.

이 반대되는 느낌을 환영할 수 있나요?

이 느낌을 승인/비승인, 안전/불안, 통제/통제 불능, 분리/소속 등의 측면에서 탐색하십시오.

어쨌든 이 감정을 환영하고 흘려보낼 수 있나요?

흘려보낼까요?

그렇다면 언제?

2부

지금   바로

자유로워라!

무하마드 라티프 Mohamad Latiff

먼저 잔을 비워야 하는 이유

지금 무엇을 하고 있든 당장 멈추기 바란다.

그냥 스톱하라.

모든 주의를 이 페이지에 기울이기 바란다.

당신이 하고 있던 일에 계속해서 부분적으로 주의를 기울이면, 즉 지금까지 해오던 대로 멀티태스킹을 한다면 아무것도 이루지 못할 것이다.

자, 지금 하고 있던 일이 무엇이든지 간에 멈추기를 바라는 이유가 여기 있다.

당신의 인생의 목표가 무엇이든 간에 그 목표에 훨씬 더 가까워지도록 내가 효과적으로 도울 수 있기 전에, 당신이 목표를 매끄럽게 달성할 수 없었던 이유를 보여줄 필요가 있다. 그것은 실제로 당신이 자신의 제한적인 신념과 부정적인 잠재의식 프로그래밍에 의해 억눌려 왔다는 것이다.

중요한 퀘스트를 수행하는 판타지의 영웅처럼, 목표를 성취해 나가는 과정에는 장애물과 괴물, 내면의 악마가 있을 수밖에 없다. 그렇지 않으면 그것은 고귀한 퀘스트가 될 수 없고 당신 또한 영웅이라고 할 수 없을 것이다.

당신을 억누르는 내면의 악마와 당신의 길을 가로막고 서 있는 장애물과 괴물이 있는 한 퀘스트를 완료하는 것은 불가능하다.

당신은 내면의 악마를 쫓아내고 장애물을 극복하고 당신의 길에 서 있는 괴물을 제거해야 한다. 그래야만 목적지까지 신속하고 원활하게 이동할 수 있다.

다른 말로하면, 더러운 물이 가득한 유리컵을 가지고 있다고 가정해보자. 하지만 당신의 목표는 갈증을 해소하기 위해 건강하고 깨끗한 물을 마시는 것이다.

이 상황에서 당신은 어떻게 하겠는가?

두말하면 잔소리, 당신은 먼저 더러운 물을 버리고 컵을 깨끗하게 해야 한다. 그런 다음 깨끗한 물로 채우고 나서 마셔야 한다.

우리 자신에게서 부정적 요소를 제거하고 정화하면 아무것도 없는 공허만 남는다고 말하는 이들도 있지만 그것은 사실이 아니다.

진실은, 우리 모두 본질적으로 긍정적인 잠재력을 타고 났다는 것이다. 우리를 제한하고 있는 부정적 요소를 지우는 것은 자동적으로 우리의 긍정적인 잠재력을 해방시키고 목표를 향한 길을 가속화한다.

이것이 비밀 중의 비밀이다. 이것이 당신이 인생에서 마땅히 받아야 할 모든 유익한 것들을 끌어오기 위해 끌어 당김의 법칙을 활용하는 잠재력을 제한해온 족쇄를 푸는 마스터키이다.

당신에게 부담을 주는 모든 초과 수하물을 버려야 한다. 모든 장애물을 제거하고 연료가 충분한지 다른 준비는 다 갖추어져 있는지 확인하고 나서 목적지를 향해 곧바로 나아가야 한다.

어떤 자기계발 과정에서도 대부분의 사람들이 흔히 저

지르는 실수는, 마음속에 그린 최종 결과를 보고 흥분한 상태에서 목표를 향해 대담하게 도전을 시작했다가 갑작스럽게 예상치 못한 일이나 과거에 다루지 못했던 장애물에 봉착해서 포기한다는 것이다.

이 작은 책에서 설명하는 프로세스는 목표를 향한 실제 여행 전과 도중, 이후에도 매우 실용적이고 유용하다.

이 프로세스는 모든 제한적인 신념과 두려움, 당신을 괴롭히는 짐을 없애준다. 이것은 목적지로 향하는 도중에 나타날 수 있는 예상치 못한 장애물이나 괴물을 제거한다. 또한 의도했던 의도하지 않았던 모든 노력을 방해하는 요소들을 봉인하여 당신의 승리가 영원하고 변함없도록 도와준다.

이렇게 단순한 프로세스가 그렇게 많은 것을 할 수 있다니 믿을 수 없을지도 모른다. 나도 동의한다. 나 역시 지금도 이 프로세스가 얼마나 큰 효과를 발휘하는지 여전히 믿을 수 없다. 하지만 나는 믿는 것을 포기하고 어쨌든 매일매일 이 프로세스를 수행한다. 그리고 그것으로 충분하다.

초간단 프로세스

이 단순한 프로세스는 수많은 사람들이 수십 년 동안 지녀왔던 자신의 감정적 장애와 부정적인 프로그래밍을 놓아버리도록 도와주는 두 가지 매우 강력하고 간단한 감정 정리 기술을 결합한 것이다. 그것은 EFT(Emotional Freedom Technique)와 세도나 메서드(Sedona Method)이다.

감정 자유 기법으로도 불리는 EFT는 게리 크레이그 (Gary Craig)가 사고장 기법(TFT: Thought Field Therapy)

을 개선하고 단순화한 버전으로 개발되었다. EFT를 믿고 실천하는 이들과 비판하는 사람들도 있지만 사람들이 가지는 다양한 견해를 열거하거나 논하는 것은 이 책의 주제 혹은 영역을 벗어난다.

내가 알고 있고 당신이 알아야 할 것은 내면의 문제에서 비롯된 감정적 문제와 어떤 신체적 문제에 대해 이 기법이 현재까지 매우 탁월한 효과를 발휘해 왔다는 것이다.

EFT는 부정적 감정이 발생할 때 일반적으로 혼란스러워지는 신체의 에너지 장의 균형을 회복시킴으로써 효과를 발휘한다.

나는 뉴에이지나 영성 에너지 분야에 관해서는 상당히 불가지론적이지만, 나의 이성적인 측면은 EFT가 신체 부위를 자극하는 것과 관련 있다고 생각한다. 즉, 가장 민감한 신경을 자극하고 신체의 두드림이 몸 전체에 전달되고 어떤 형태의 진정 작용과 집중 효과, '해방' 감각 등을 시뮬레이트한다고 본다.

이 프로세스를 구성하는 또 하나의 기술인 세도나 메서드는 레스터 레븐슨(Lester Levenson)이 개발한 것으로, 그 목적은 부정적 감정과 제한적 신념을 해제하는 데 있으며 이는 EFT와 매우 흡사하다.

이 기법은 짧고 단순한 자기 탐구 과정을 통해 작용한다. 세도나 메서드에서는 부정적 감정을 풀어주고 명확한 평화의 감각을 얻을 때까지 자기 자신에게 몇 가지 질문을 반복한다.

이 두 가지 기법의 아름다움은 투쟁을 포함하지 않으며, (기법을 지속적으로 사용하는 것만 제외하고) 특별한 훈련을 필요로 하지 않는다는 데 있다. 참선하는 스님과 같은 의지력도 요구하지 않으며, 어떤 장비나 도구도 필요하지 않다. 뇌파 조절 음악, 특수한 헤드폰, 필기도구, 풍수적으로 배치된 공간, 명상용 촛불 도 필요하지 않다.

필요한 것은 당신의 몸과 마음뿐이다. 심지어 욕실에서 샤워를 마치고 나서 곧바로 이 프로세스를 수행할 수도 있다. 실제로, 나는 종종 편안하고 안락한 욕실에서 따뜻한 샤워를 하고 나서 이 프로세스를 사용하면서 좋은 결과를 얻곤 했다.

이 작은 책은 EFT나 세도나 메서드의 '바이블' 또는 권위 있는 학술지가 아니다. 내게 대단히 많은 유익을 선사한 간단한 프로세스 두 개를 결합한 버전을 당신에게 전하고 싶을 뿐이다.

이 단순한 프로세스를 통해 효과를 볼 수 있는 영역은 매우 많지만 그 중 일부를 들어보면,

- **집중력 부족**
- **미루는 버릇**
- **명확성 부족**

· 동기 부족

· 걱정, 두려움, 불신

· 원하는 모든 것을 성취하는 데 방해가 되는 '내면의' 장애...

초간단 프로세스

1. 이 프로세스에는 오직 두 가지 파트만 있다.

i. 문제를 식별한다.

ii. 문제를 내려놓는다.

2. 문제를 식별하는 것은 문제의 본질이나 부정적 감정을 포착해서 간단한 문장이나 구절로 요약하는 것을 말한다. 문제나 이슈를 가급적 명확하고 선명하게 정의하는 것이 중요하다.

예를 들어, "나는 자꾸 미루는 문제가 있다."고 말하

는 대신 "나는 다음에 무엇을 해야 할지 모르겠다.", "나는 일이 따분하고 지루하게 여겨진다.", "이 일을 끝내서 이점이 뭔지 모르겠다.", "나는 원래부터 항상 미루어 왔어. 새삼스럽게 왜 지금 바꿔야 하겠어?" 등과 같이 꾸물거리는 문제를 구성하는 작은 하위 문제들로 잘게 쪼개는 것이 더 좋다. 흐름을 따르면서 마음이 상상할 수 있는 것은 무엇이든지 이용하라.

3. 다음 진술을 사용하여 문제의 본질을 파악하라. (각각의 하위 문제를 하나씩 거쳐 주된 문제를 처리한다.) "나는 비록 _____이지만(문제를 진술한다), 내 자신을 깊고 온전하게 용서하고 받아들이고 사랑합니다." 즉 "나는 비록 이 일이 지루하다고 느끼지만, 그런 내 자신을 깊고 온전하게 용서하고 받아들이고 사랑합니다."와 같이 말하는 것이다.

손가락 두 개 혹은 세 개를 사용하여 위의 진술을 소리 내어 말하면서 사진에 나오는 다섯 개의 포인트를 세 차례 정도 가볍게 두드린다.

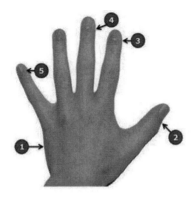

① '가라데 촙'이라고도 하는 손날 부위

② 엄지손가락 바깥쪽 손톱 아래

③ 집게손가락 손톱 아래쪽 부분

④ 가운데손가락 손톱 아래쪽

⑤ 새끼손가락 손톱 아래쪽 부분

4. 다음으로, 문제를 놓아버림에 있어 다음 세 가지 질문을 끼워 넣는다. 세 가지 질문에 대한 느낌을 파악하면 좀 더 기억하기가 쉬워질 것이다.

① 이 문제(감정/신념)를 놓아버릴 수 있을까? 이 문제가 여기 있도록 허용할 수 있을까? 이 문제를 환영할 수 있을까?

② 이 문제를 놓아버릴까? 기꺼이 이 문제를 흘려보낼까?

③ 그렇다면 언제?

5. 손가락 두 개나 세 개를 사용하여 위의 세 가지 질문을 큰소리로(혹은 조용히) 말하면서 다음 일곱 개의 신체 경혈 부위를 부드럽게 두드린다.

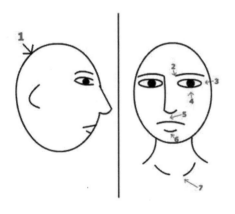

① 정수리

② 코의 상단 부분, 눈썹 시작점

③ 눈썹이 끝나는 지점

④ 안구 아래쪽, 광대뼈 윗부분

⑤ 코 밑과 입술 사이 인중(人中) 부위

⑥ 아랫입술과 턱 사이

⑦ 쇄골 안쪽

6. 초간단 프로세스 1~5 단계를 계속 반복하면서 부정적 신념이나 감정, 문제가 충분히 해결됐다고 느껴질 때까지 동일한 하위 문제를 처리한다.

7. 초간단 프로세스의 1~6단계가 하나의 사이클을 형성한다. 특히 까다로운 문제를 해결하려면 1 사이클 이상이 소요될 수도 있다. 가장 좋은 것은 프로세스에 대한 처음의 불신을 일시 중지하거나 또는 전혀 '파악하려고 시도하지' 않고 현재 가지고 있는 문제에 대한 프로세스를 여러 번 반복하는 것이다.

태핑 팁

　- EFT에서는 포인트 지점을 두드리는 것을 간단히 줄여서 '태핑(tapping)'이라고 한다. 가능한 부드럽게 가볍게 두드리되 태핑 지점을 단순히 '만지기만' 하지 않아야 한다. 두드리는 것이 힘들어지거나 하면, 편안하게 태핑할 수 있을 정도로 두드리는 힘의 강도를 낮추거나 태핑 횟수를 줄여도 괜찮다.

　- 태핑할 때 손가락을 반드시 2~3개 사용하라는 법은 없다. 편한 대로 검지 하나만, 검지와 중지 둘, 검지와 중지에 약지까지 동원해서 두드리는 것도 모두 고려할 수 있다.

　- 태핑 지점을 100% 정확하게 두드리려고 애쓸지 않아도 된다. 보통 지정된 포인트 주변을 두드리는 것만으로

도 동일한 결과를 얻을 수 있다. 프로세스를 실습하면서 최상의 태핑 지점을 '직관적으로' 알게 된다.

　－ 실제로 프로세스를 많이 수행할수록 더 좋은 결과를 얻을 수 있다. 프로세스가 누적되면서 횟수를 거듭할수록 전보다 훨씬 더 좋은 결과를 얻게 될 것이다.

무한한 잠재력을 해방시켜
모든 목표를 자동적으로
달성하는 법

지금쯤이면 초간단 프로세스가 무엇인지 이해했으리라 생각한다. 이제 프로세스를 숙달하기 위해 필요한 것은 직면할 수 있는 어떤 문제나 이슈, 부정적인 감정에 상관없이 매일 꾸준하게 연습하고 실천하는 것뿐이다.

당신은 초간단 프로세스를 두어 번 마치고 나면, 30

초~60초 안에 과정을 수행할 수 있어야 한다.

이제 당신에게 요구되는 것은 하루 동안 처리할 아무런 문제가 없다고 생각할지라도 이 프로세스를 부지런히 그리고 끊임없이 연습하는 것이다. 더 이상 작업할 아무 문제나 이슈가 없다는 착각에 속아서는 안 된다. 다룰 수 있는 것들은 언제나 주변에 있을 것이다.

프로세스를 수행할수록, 더욱더 많은 문제와 이슈에서 더 좋은 결과를 얻을 수 있다. 결과가 좋아질수록, 문제를 극복하거나 완전히 제거할 수 있게 된다.

1장에서 우리 모두 본질적으로 긍정적인 잠재력을 가지고 태어났다고 말하지 않았던가? 이 프로세스를 해나가면서, 이 말이 진리임을 점점 더 많이 깨우치게 될 것이다.

매일 일상적으로 하는 일이 점점 더 쉬워지고 스트레스

도 줄어들거나, 또는 예상치 않게 좋은 일들과 운 좋은 우연의 일치가 자동적으로 다가오는 경향이 있다는 것을 알게 될 것이다. 이런 '행운의 우연'은 영감이나 아이디어, 우연한 전화 혹은 이메일 형태로 찾아와서 당신의 욕망에 더 가까워지기 위한 실마리와 계기를 안겨줄 수도 있다.

프로세스를 충분히 연습한 후에는, 어느 정도 숙련도를 습득하여 자신에게 가장 적합한 조정과 변형을 가하고 발전시키는 것도 가능하다.

프로세스에 관해서는 모든 지시 사항을 곧이곧대로 따를 필요는 없다. 항상 자신에게 가장 적합한 스타일을 찾는 것이 가장 좋다. 하지만 이 책에서 지시하는 대로 100% 따르는 것이 당신에게 가장 좋은 선택이라면, 그렇게 하라!

이제 우리는 이 초간단 프로세스를 이용하여 우리의 고유한 긍정적 잠재력을 풀어놓지 못하게 방해하고 인생에서 이룰 수 있는 모든 성취를 가로막는 모든 제약과 부정적인 신념, 내게 도움이 되지 않는 잠재의식 프로그램을 보다 체계적으로 정화하고 처리할 수 있다.

1. 다음 21일에서 40일간의 기간을 당신의 변화의 날로 선언하라. 이 기간은 지속적으로 자신을 평가하고 모든 부정적인 한계를 중단 없이 정화할 수 있는 기간이어야 한다. 직장이나 학교생활 등 정상적인 활동을 제약하거나 중지할 필요는 전혀 없다. 초간단 프로세스를 통해 모든 장애물과 제약을 제거하는 데에만 집중할 수 있도록 매일 몇 분씩(사실 1시간 정도가 이상적이다) 시간을 할애하기만 하면 된다.

2. 저널이나 노트의 도움을 받을 수 있다. 꼭 필요한 것은 아니지만 21일에서 40일 동안의 자기혁명 기간 동안 노트북이나 필기구를 이용하는 것은 상당한 도움이 된다. 매일 매일 만날 수 있는 모든 부정적인 감정과 이슈, 태도 및 신념 등을 자세하게 기록하고 초간단 프로세스를

통해 그것들을 정화해나갈 수 있다.

3. 또한 그날 자신에게 일어난 긍정적인 것들, 힘을 실어주고 지지하는 신념과 태도, 통찰력 또는 자신만의 생각도 적는 것이 좋다. 긍정적인 내용과 부정적인 내용은 분리해서 기록한다.

4. 그 외로, 원하는 목표와 타깃을 매일 기록한다. 이 여행에는 세 가지 요소가 포함된다.

① 성취하고자 하는 것.

② 성취를 방해하는 것.

③ 원하는 것을 성취하는 데 있어서 당신을 지원하는 것.

각각의 요소는 매일 별도의 페이지에 따로따로 작성한다.

5. 먼저 초간단 프로세스로 장애물과 당신을 제약하는 것들을 지우고 매일 자기 평가 세션을 진행한다. 그런

다음 하루 동안 일어난 긍정적인 일들을 관찰하고 기록하고, 목표를 수정하여 결론을 맺는다.

참고: 설사 당신의 목표가 이 여정 동안 동일하게 유지된다 하더라도, 어쨌든 같은 내용을 다시 써주는 것이 좋다.

목표 작성에 대한 팁

- 목표는 1인칭 시점으로, 이미 그것을 성취한 것처럼 현재시제로 작성하라.

- 마감일을 정하는 것은 옵션이다. 그것은 당신이 목표를 어떻게 이룰 것일까 규정하는 바에 달려 있다. 데드라인 때문에 과도한 스트레스를 받고 어쨌든 마감일을 정하지 않아도 항상 목표를 달성해 왔다면 마감일을 정하지 않아도 좋다. 반대로 데드라인을 정해서 일하는 것에 익숙하다면, 지금까지 해왔던 방식대로 - 물론 현실적으로 -

마감일을 정해서 목표를 추구하는 것도 가능하다.

3부

걷기 명상

김어진

걷기 명상 설명

　이 명상법에서는 걷기 명상에 관한 기본 지식뿐만 아니라 전통과 정의를 넘어선 내면의 경험과 감각을 향상시키는 극한의 힘을 얻을 수 있습니다.

　걷기 명상은 대개 다리의 스트레스 해소를 위한 것으로 이해됩니다. 물론 그런 효과가 있지만 이것이 경행선(經行禪)의 유일한 의미는 아닙니다.

　앉아서 좌선(坐禪)을 하는 동안, 다리가 마비되거나

'잠이 들 수' 있습니다. 이것은 혈액 순환이 나쁘다는 의미가 아닙니다. 그 반대입니다. 선(禪)에는 "발가락에서 시작하여 몸 전체를 소모하는 불"이라는 오래된 말이 있습니다. 이것이 바로 이 무감각의 의미입니다. 가장 작은 것, 심지어 다리가 '잠이 드는 것'까지 선(禪) 수행의 대상이 됩니다.

도덕경(道德經)에 "기를 오롯이 하여 부드러움에 이르러서, 능히 갓난아기와 같이 될 수 있는가? (傳氣致柔 能嬰兒乎: 전기치유 능영아호)"라는 말이 있습니다. 발과 다리가 무감각해지면, 일반적으로 발목이 유연하다는 걸 알 수 있습니다.

경행선은 좌선의 고요함을 걷는 행동으로 확장한 것입니다. 마음속에서 양자의 차이점을 없애기 위해 노력해야 합니다. 이 둘은 다르다기보다는 오히려 비슷하다고 할 수 있습니다.

"정중동 동중정(靜中動 動中靜)"이라는 말이 있습니다. "침묵이 말한다."는 말도 있습니다. 이것은 걷기 명상의 보다 본질적인 의미를 나타냅니다. 일상적으로 걷는 행동에 명상의 힘을 가져다주는 것입니다.

또한 경행(經行)은 붓다의 길을 따르고 그의 깨달음을 따라가는 것을 상징합니다. 그러므로 중국 송나라 시대의 도원스님은 경행을 가리켜 '깨달음의 세계에서 돌아다니는' 것이라고 말했습니다.

걷기 명상 준비

적절한 장소 찾기

석가모니가 깨달음을 얻은 후에 걷기 명상을 한 자리는 오늘날에도 여전히 그대로 있습니다. 그는 한 번에 열일곱 걸음을 걸었습니다. 오늘날 스님들은 걷기 명상을 서른 걸음 정도까지 옛날보다 훨씬 더 길게 걷는 경향이 있습니다. 초보자는 아직 마음챙김(mindfulness)이 발달하지 않았기 때문에 서른 걸음이 너무 길게 느껴질 수 있습니다. 길 끝에 이를 즈음, 마음은 "지구를 한 바퀴" 돌았을지도 모릅니다.

　걷는 것은 자극을 주며, 처음에는 마음이 이리저리 흐트러지는 경향이 있습니다. 일반적으로 초보자는 짧은 걸음에서 시작해서 조금씩 늘려가는 것이 더 좋습니다. 열다섯 걸음 정도가 좋을 것입니다.

　외부에서 걷기 명상을 할 경우에는, 산만하거나 혼란스럽지 않은 외딴 장소를 찾으세요. 어느 정도 외부와 접촉이 닿지 않는 길을 찾는 것이 좋습니다. 시야가 너무 트인 열린 공간에서 걷는 것은, 마음이 경치에 빠져 산만해질 수 있습니다. 길이 닫혀 있을 경우, 마음이 내면으로, 자기 자신으로 들어가고 평화를 가져오는 경향이 있습니다. 닫힌 공간은 생각이 많은 사색적인 성격에 특히 적합하며, 마음을 진정시키는 데 도움이 됩니다.

몸과 마음을 준비하기

적당한 길을 선택했으면, 길 한쪽 끝에 서세요. 오른손을 왼손 위에 올려놓고 아랫배 부근에 가지런히 포갭니다. 뒷짐을 지거나 팔을 앞뒤로 흔들면서 걷지 않습니다. 한 번 머문 적이 있던 사원을 찾았던 한 명상가가 손님 중 한 사람이 뒷짐을 지고 걷는 것을 보았습니다. 그는 명상을 하는 것이 아니라 산책을 하고 있는 것이었습니다. 포갠 손을 아랫배 어림 단전(丹田) 부근에 두는 것은, 단순히 걷는 것과 차별화하고 걷기 명상에 집중할 수 있도록 분명한 의도를 세우게 됩니다.

　　마음을 집중시키는 것을 의미하는 삼매(samadhi)를 개발하여, 점진적인 마음챙김과 집중을 통해 일심(一心)을 발전시키는 것이 첫 번째 과제입니다. 마음을 집중하기 위해서는 근면하고 결연해야 합니다. 여기에는 정신적 평정뿐만 아니라 육체의 고요함도 요구됩니다. 먼저 손을 앞에 포개고 자세를 바르게 합니다. 자세를 바르게 하는 것은 마음을 바르게 하는 것에도 도움이 됩니다. 자세를 바르게 다듬은 다음에는, 그대로 선 채 몸을 의식하면서 주의를 기울입니다. 그런 다음 손을 들어 합장하고 눈을 감고서 불법승(佛法僧) 삼보(三寶)에 대해서 잠시 묵상합니다.

마음속으로 삼귀의(三歸依)를 행합니다. 붓다의 깨달음과 진리, 명상을 통해 깨달음의 길을 가고 있는 구도자(道伴)에 대해서 묵상합니다.

다음에 손을 앞으로 내리고 걷기 명상을 30분 할지, 1시간 또는 그 이상으로 할지 마음속으로 정합니다. 얼마나 오래 할지 결정했으면, 반드시 지키도록 합니다. 이런 식으로 초기 명상 단계에서 열정과 확신, 영감으로 마음을 양육합니다.

걷기 명상의
장점과 이점

붓다는 걷기 명상의 5가지 유익에 대해 말했습니다. 순서대로 이야기하면 다음과 같습니다. 걷기 명상은 먼 거리를 걸을 수 있는 지구력을 개발해줍니다. 졸음을 막아줍니다. 또 건강에 좋습니다. 식사 후에 소화에도 도움을 줍니다. 그리고 걷기 명상으로부터 얻는 집중력은 오랫동안 지속됩니다.

지구력 개발

걷기 명상의 첫 번째 이점은 지구력이 생기는 것입니다. 이것은 사람들이 주로 걸어서 이동했던 붓다의 시대에 특히 중요했습니다. 붓다 자신도 하루 평균 16킬로미터를 걸어 다녔습니다. 그래서 그는 장거리를 걷기 위해 체력과 지구력을 개발하는 수단으로 걷기 명상을 권했습니다. 요즘에도 수도자들은 여전히 걸어 다니고 있습니다. 태국에서는 그것을 투동(tudong)이라고 부릅니다. 수도자들은 발우(鉢盂: 밥그릇)와 옷가지만 가지고 외딴 곳을 찾아 명상을 합니다. 그렇게 탁발 수행을 준비하면서, 체력과 지구력을 키우기 위해 점진적으로 걷기 명상 횟수를 늘립니다. 최소 하루 5~6시간까지 늘리기도 합니다.

졸음을 막아줌

특히 졸음을 극복하게 해주는 것이 걷기 명상의 두 번째 이점입니다. 좌선을 하면서 고요한 상태로 들어갈 수 있지만, 때로는 고개를 끄덕거리면서 잠에 빠져들 수도 있습니다. 마음챙김과 깨어 있는 의식을 놓쳐버리면, 명상은 제아무리 평화로운 느낌이 들더라도 나태함과 무기력에 지배되어 침체될 수 있습니다. 걷기 명상을 하면 이런 경향을 막을 수 있습니다.

아잔차(Ajahn Chah) 스님은 일주일에 한 번 밤새도록 좌선과 걷기 명상을 하라고 권하곤 했습니다. 우리는 종종 아침에 한 두 차례 졸리는 경향이 있습니다. 그래서 아잔차는 졸음을 극복하기 위해 뒤로 걸으면서 걷기 명상을 하라고 권했습니다. 거꾸로 걸을 때에는 잠이 들지 않으니까요!

건강에 좋음

붓다는 걷기 명상을 하면 건강에 좋다고 했습니다. 이것이 세 번째 이점입니다. 걷는 것이 아주 좋은 운동이라는 것은 우리 모두 알고 있습니다. 심지어 파워 워킹(power walking)이라는 말까지 있을 정도입니다. 파워 워킹은 걷기 명상을 육체와 정신 양면을 고려해서 개발된 운동이라고 할 수 있습니다. 하지만 두 가지 이점을 모두 얻으려면, 단순히 걷고 마음이 다른 것을 생각하게 하는 대신 걷는 과정에 대한 인식을 가져야 합니다.

소화에 좋음

걷기 명상의 네 번째 이점은 소화에 좋다는 것입니다. 이것은 하루에 한 끼를 먹는 수도자에게 특히 중요합니다. 식사를 하면, 혈액이 위장으로 쏠리고 뇌에서 멀어집니다. 따라서 졸음이 올 수 있습니다. 수도자는 음식을 먹고 나면 몇 시간 동안 걷기 명상을 해야 한다고 강조합니다. 걸으면서 발을 들었다 놓았다 하는 것이 소화에 도움이 되기 때문이라는 것입니다. 누워서 명상을 하는 사람들도 과식을 했을 경우 잠자리에 들지 말고 나가서 한 시간 정도 걷기 명상을 하는 것이 좋습니다. 신체의 건강에도 좋을뿐더러 마음을 기르는 좋은 기회가 됩니다.

집중력에 좋음

걷기 명상의 다섯 번째 이로운 점은 걷기 명상으로부터 비롯되는 집중력이 오랫동안 지속된다는 것입니다. 걷는 자세는 앉는 자세에 비해 상대적으로 거칠거나 복잡한 명상 자세입니다. 앉아 있는 동안에는 자세를 유지하기가 쉽습니다. 시각적인 감각 자극이 없도록 눈을 감으며 신체의 움직임에 관여하지 않습니다.

따라서 걷는 것과 비교해서 앉아서 하는 명상은 활동 측면에서 보다 단순하다고 할 수 있습니다. 움직임이 없기 때문에 서 있거나 누워있는 것도 마찬가지입니다. 앉아있는 자세, 즉 좌선을 통해서만 집중력을 개발하면, 일어서서 걷는 것과 같은 신체 활동을 할 때 집중력을 유지하는 것이 더 어렵습니다. 이것은 정제된 상태에서 보다 거친 상태로 이동하고 걷는 동안에는 감각 입력이 훨씬 더 많아지기 때문입니다.

우리는 어디로 가고 있는지 보고 있습니다. 따라서 시각적 입력이 있습니다. 또한 신체의 움직임으로부터 감각 입력이 있습니다. 그러므로 걸으면서 모든 감각적 자극을 받는 동안 마음을 집중할 수 있다면, 자세를 보다 단순한 것으로 바꿀 때, 집중을 유지하기가 더 쉬워집니다. 즉, 앉아 있을 때의 마음의 힘과 집중력이 이 자세로 쉽게 이어집니다. 따라서 걷기 명상은 다른 덜 적극적인 명상 자세로 이어질 수 있는 집중력과 마음의 힘을 개발하는 데 도움을 줄 수 있습니다.

걷기 명상 실습

　대부분의 사람들은 명상을 조용히 앉아있는 것과 관련시킵니다. 하지만 전통적인 불교의 가르침에서는 앉기, 걷기, 서기, 눕기 등 네 가지 명상 자세를 가르칩니다. 네가지 모두 현재 순간의 고요하고 투명한 마음을 길러주는 올바른 수단입니다. 좌법 다음으로 가장 흔한 명상이 걷기명상입니다. 명상 센터와 절에서는 종종 걷기 명상을 위해실내와 야외에 길을 만들어놓습니다. 명상 과정에서 규칙적인 걷기 명상은 일정에 없어서는 안 될 부분입니다. 실제로 어떤 사람들은 매일 명상 수행의 일부로서 앉기 전에 걷기나 또는 앉는 대신에 걷기 명상을 10분에서 20분 가량 하기도 합니다.

걷기 명상은 마음챙김을 계발해주는 것 외에도 여러 가지 혜택을 가져다줍니다. 아마도 걷기 명상은 집중력을 키울 수 있는 유용한 방법이 될 수 있습니다. 피곤하거나 나태해졌을 때 걸으면 활력을 찾을 수 있습니다. 걷는 느낌은 앉아 있을 때 느끼는 동안 호흡의 미묘한 감각보다 더 강렬할 수 있습니다. 걷는 것은 식사 후, 잠에서 깨거나 오랜 시간 앉아서 명상한 이후에 도움이 될 수 있습니다. 강력한 감정이나 스트레스를 받을 때, 걷기 명상은 앉아 있는 것보다 더 편안할 수 있습니다. 부가적인 혜택은 오랜 시간 걷기 명상을 수행하면 힘과 체력을 얻을 수 있다는 것입니다. 사람들은 걷기 명상에 대해 다양한 태도를 취합니다. 어떤 이들은 쉽게 수용해서 거기서 기쁨을 찾습니다. 많은 사람들에게, 이런 형태의 명상을 받아들이는데, 명상의 맛을 볼 때까지는 어느 정도 시간이 걸립니다. 그러나 그 맛을 많이 보지 못해도 그 혜택을 보고 걷기 명상을 하는 이들도 있습니다.

　공식적인 걷기 명상을 하려면 길고 약 30~40미터 길이의 길을 찾아서 단순하게 앞뒤로 걸으면 됩니다. 길 끝에 오면, 걸음을 멈추고 돌아서서 멈췄다가 다시 시작하면 됩니다. 특정한 무엇을 바라보지 말고 시선을 아래로 내리세요. 어떤 사람들에게는 눈꺼풀을 반쯤 닫는 것이 유용합니다.

　돌아다니는 대신에 하나의 길을 앞뒤로 걷도록 강조합니다. 그렇지 않으면 마음의 한 부분이 길이나 주변 환경과 협상해야 하기 때문입니다. 바위 위로 올라가거나 눈에 띄는 의자에 앉고자 하는 욕구를 피하려면 어떤 정신적 노력이 필요합니다. 하나의 길을 앞뒤로 걸으면, 곧 길을 알게 되고 마음의 문제를 쉽게 쉬게 할 수 있습니다.

　원을 그리고 걷는 것은 때때로 사용되는 기술입니다. 하지만 이것의 단점은 원의 연속성이 방황하는 마음을 은폐할 수 있다는 것입니다. 앞뒤로 걸으면, 길의 끝에서 멈출 때 마음이 방황하고 있는지 여부를 알아차릴 수 있습니다.

앞뒤로 걸으면서 자신만의 편안한 페이스를 찾으세요. 일반적으로 평상시보다 천천히 걷는 것이 좋지만 속도는 사람마다 다를 수 있습니다. 빠르게 걷는 것은 마음이 흔들리고 있을 때 더 쉽게 마음을 안정시킬 수도 있습니다. 또는 졸릴 때 빠르게 걷는 것이 적절할 수도 있습니다. 마음이 평온하고 깨어 있을 때는, 천천히 걷는 것이 더 자연스러울 수 있습니다. 걷는 속도는 명상을 하면서 바뀔 수 있습니다.

걷기의 신체적 경험에 대해 가장 친숙하고 세심한 자세를 유지하는 속도를 느낄 수 있는지 확인하세요. 편안한 속도를 찾으면, 주의가 몸에 정착시키세요. 때때로 몸이 나를 데려가도록 하는 것이 평안을 가져다주기도 합니다. 몸과 연결되는 것을 느끼면, 의식을 다리 아래쪽과 발에 기울이세요. 앉아서 하는 명상에서는, 들이쉬고 내쉬는 숨결의 감각을 현재 순간에 머무는 "닻"으로 사용하는 것이 일반적입니다. 걷기 명상에서는 번갈아 내딛는 발에 의식을 집중합니다.

다리와 발에 주의를 기울이면서 각각의 걸음마다 감각을 느껴보세요. 다리를 들어 올릴 때 발과 다리가 긴장하는 것을 느껴보세요. 다리가 공기를 뚫고 나아가는 움직임을 느껴보세요. 바닥과 발의 접촉도 느껴보세요. "옳고 그른" 경험이란 없습니다. 그 경험이 당신에게 어떻게 느껴지는지 살피세요. 마음이 방황하고 있다는 것을 알아차릴 때마다 주의를 걷는 감각으로 돌려놓으세요. 걸음의 리듬을 이해하는 것은 인식의 연속성을 유지하는 데 도움이 될 수 있습니다.

현재에 머무는 것을 돕기 위해, 마음속으로 걸음에 이름을 붙여서 사용하면서 수행할 수 있습니다. "걸음, 걸음" 또는 "왼발, 오른발" 이런 식으로 명명할 수 있습니다. 이름을 붙이는 것은 기본적으로 끊임없이 생각하려고 하는 마음을 차지하여 마음이 덜 배회하게 해줍니다. 또한 이름을 붙이는 것은 당신이 관찰하고자 하는 것에 마음이 향

하도록 해줍니다. "걸음"이라는 말은 발을 알아차리는 데
도움이 됩니다.

얼마 후에 왼발에 "오른쪽"을, 오른발에 "왼쪽"이라고
말하고 있다는 것을 인식하면, 자신의 주의가 흐트러졌다
는 사실을 알게 됩니다. 좀 더 천천히 걸을 경우에는, 각
각의 걸음을 단계별로 분해해서 "들어올리기, 내려놓기"
식으로 이름을 붙여 사용할 수 있습니다. 이것이 가장 전
통적인 방식이기도 합니다. 또, 아주 천천히 걸을 때에는
"들어올리기. 움직이기. 내려놓기"와 같은 명명 스타일을
사용할 수 있습니다.

걷는 감각에 주의를 기울이고 그 밖의 모든 것은 내려
놓으려고 노력하세요. 강한 감정이나 생각이 일어나서 주
의를 환기시키면, 걷는 것을 멈추고 그것에 참여하는 것도
괜찮습니다.
생각이나 감정이 가라앉고 더 이상 강력하지 않게 되면,
다시 걷기 명상으로 돌아갈 수 있습니다. 걷는 동안 아름

답거나 흥미로운 것이 눈을 사로잡을 때도 있습니다. 그것을 놓아버릴 수 없다면, 걷는 것을 멈추고 "바라보기" 명상을 하세요. 바라보기가 끝나면 다시 계속해서 걸으세요.

어떤 이들은 앉아서 하는 명상보다 걷기 명상을 할 때 마음이 더 활동적이거나 산만할 수 있습니다. 걷는 것이 더 활동적이고 눈이 열려 있기 때문일 수 있습니다. 그럴 경우 낙심하지 말고 걷기 명상이 덜 유용하다고 생각하지 마세요. 일상적인 마음으로 연습하는 법을 배우는 것이 실제로 더 유용할 수도 있습니다.

걸을 때마다 마음을 훈련시킬 수 있습니다. 어떤 사람들은 걷기 명상을 수행하기 위해 가정이나 직장에서 복도를 걸어 다니거나 차에서 일하는 곳으로의 길 등, 일상생활에서 할 수 있는 구체적인 활동을 선택합니다.

일상에서는 눈을 감은 채 조용히 앉아있는 것보다 걷는 시간이 많습니다. 걷기 명상은 명상 수행과 일상생활 사이의 강력한 교각 역할을 할 수 있으며, 우리가보다 현명하고 주의 깊게 나날의 활동에 집중하도록 도와줍니다. 걷기 명상은 우리를 존재의 단순성과 그로부터 나오는 깨어있음에 우리를 다시 연결시킬 수 있습니다.

걷기 명상의 대상

붓다는 40여 개의 명상의 대상을 가르쳤는데, 그 중 많은 것들이 걷는 길에 사용될 수 있습니다. 하지만 다른 것보다 더 적합한 대상들도 있습니다. 먼저 가장 일반적으로 사용되는 대상부터 시작하겠습니다.

걷는 자세에 대한 인식

첫 번째는 걷는 자세에 대한 인식입니다. 걷는 동안, 발바닥에 모든 주의를 기울이고, 감각과 느낌이 생겼다가 사라지는 것을 알아차립니다. 걷는 동안 느낌이 바뀔 것입니다. 발이 들려지고 길에 닿게 되면 다시 새로운 감각이 생깁니다. 발바닥의 이런 감각을 인식하는 것입니다. 다시 발이 들리면서 새로운 느낌이 생길 때 거기에 주목합니다. 발을 들어서 바닥에 내려놓을 때 느껴지는 감각도 알아차립니다. 각각의 걸음마다 어떤 새로운 느낌이 경험되고 이전의 것이 사라집니다. 이것이 마음챙김입니다. 걸을 때마다 새로운 느낌을 경험합니다. 느낌이 생겼다가 사라집니다. 다시 느낌이 올라왔다가 사라집니다.

이 방법으로 걸을 때 자체의 느낌, 각각의 걸음걸이, 여러 가지 기분 좋기도 하고 불쾌하기도 하며 때로는 중립적인 감수작용(感受作用. 베다나 vedana)에 마음챙김을 합니다. 발에서 어떤 베다나가 일어나든지 인식합니다. 서 있을 때 땅과의 접촉에 대한 감각, 느낌이 있습니다. 이 접촉은 고통, 열 또는 다른 감각을 일으킬 수 있습니다. 그 느낌에 충분한 주의를 기울이고 그것을 온전히 알아차립니다. 한 걸음 내딛기 위해 발을 올리면 발이 땅에서 떨어지는 순간 느낌이 변합니다. 발을 내려놓고 땅에 닿으면 새로운 느낌이 다시 생깁니다. 걷는 동안, 느낌은 끊임없이 변화하고 새롭게 발생합니다. 발바닥이 땅에서 떨어지거나 닿을 때 일어났다가 사라지는 느낌을 주의 깊게 알아차립니다. 이런 식으로 걷기를 통해 일어나는 감각에 대해서만 전심으로 주의를 기울입니다.

걸으면서 발의 느낌을 알아차려본 적이 있나요? 그것은 걸을 때마다 발생하지만, 우리는 인생에서 이런 미묘한 것들을 의식하지 않는 경향이 있습니다. 걸을 때, 우리의 마음은 어딘가 다른 곳에 가있는 경우가 많습니다. 걷기 명상은 우리가 무언가 할 때 하고 있는 일을 단순화하는 방법입니다. "걸을 때 걷고", "밥 먹을 때 밥 먹는 것으로서", 우리는 마음을 "지금 여기"로 가져옵니다. 모든 것을 단순화하여 그것이 일어났다가 사라지는 느낌을 아는 것만으로 마음을 잠잠하게 만듭니다.

시선을 아래쪽 1 미터 반 정도 앞에 두고 걷는 것을 기억하세요. 주변을 이것저것 훑어보면서 마음을 산만하게 하지 말고 발바닥의 느낌에 대한 인식을 유지하세요. 이런 식으로 집중된 주의력을 개발하고 걷는 동안 걸음을 선명하게 지각할 수 있습니다. 얼마나 빠르게 걸어야 할까요? 아잔차 스님은 너무 빠르지도, 느리지도 않게 자연스럽게 걸으라고 권합니다. 빨리 걸으면, 느낌이 올라왔다가 사라지는 감각에 집중하는 것이 매우 어려울 수 있습니다. 속도를 늦춰야 할 수도 있습니다. 반면에 어떤 사람들은 속도를 높여야 할 수도 있습니다. 자신에게 어울리는 속도를 찾으세요. 처음에 천천히 걷기 시작해서 자신만의 정상적인 보행속도로 천천히 접근할 수도 있습니다.

마음챙김이 약하다면, 즉 마음이 많이 떠돌아다니고 있다면, 현재 순간의 걸음에 마음이 머물 수 있을 때까지 아주 천천히 걸으세요. 길의 초입부에서 먼저 마음챙김을 시작하세요.

길 중간쯤에 이르면, 마음속으로 스스로에게 물으세요.

– 내 마음은 어디에 있을까? 발바닥의 감각에 있는 것일까? 이 순간 나는 지금 여기에 연결되어 있는 것일까?

마음이 배회하고 있다면, 다시 발의 감각으로 되돌려놓고 계속 걸으세요. 길의 끝까지 가면 천천히 돌아서서 다시 마음챙김을 하세요. 마음이 어디에 가 있나요? 방황하고 있나요? 발바닥의 느낌을 알고 있나요? 마음은 불안, 공포, 행복, 슬픔, 걱정, 의심, 쾌락, 좌절감 등 일어날 수 온갖 무수한 생각을 좇아 다른 곳에서 방황하는 경향이 있습니다.

마음이 현재에 있지 않을 경우, 단순한 걷는 행동으로 마음을 다시 세운 다음 길 끝으로 다시 걷기 시작하세요.

길 중간에 이르면, 다시 확인하세요. 나는 지금 길 중간에 있다. 그리고 마음이 어디에 있는지 체크하세요.

그런 다음 다시 길 끝에 도착하면 마음속으로 확인하세요. – 내 마음은 어디 있을까? 이런 식으로, 감정이 발생하고 지나가는 것을 의식적으로 알아차리면서 길을 왕복합니다. 걷는 동안, 계속해서 마음을 내면으로 끌어들이고,

의식하고, 순간순간 올라왔다가 사라지는 느낌을 알아차리면서 마음챙김을 하세요.

발바닥의 감각과 느낌에 마음챙김을 유지하면 마음이 덜 산만해지는 것을 알 수 있습니다. 마음은 주변에서 일어나는 일에 덜 끌려갑니다. 당신은 더욱더 차분해집니다. 평온해지면서 고요함이 찾아옵니다. 마음이 평온하고 고요하면, 걸음이 이런 마음 상태에 비해 거칠다는 것을 알게 됩니다. 그리고 계속해서 고요함을 유지하고 싶어집니다. 따라서 걸음을 멈추고 선 채로 이 평온함과 고요함을 경험하세요.

걷는 것은 움직이려는 정신적 의지와 관련이 있으며, 마음은 움직인다는 명상의 목적에 지나치게 집중되어있을 수 있습니다. 서있는 자세로 계속 수행하세요. 명상은 어떤 자세에 대한 것이 아니라 마음에 관한 것입니다. 신체 자세는 마음의 작업을 향상시키기 위한 편리한 수단일 뿐입니다. 이 평온과 고요함은 경안각지(輕安覺支:

passaddhi)로 알려져 있습니다. 이것은 깨달음의 일곱 가지 갈래인 칠각지(七覺支) 중 하나입니다. 집중과 평온함은 마음챙김과 함께 작동합니다. 참고로, 칠각지는 염각지(念覺支: 가르침을 명심하여 마음챙김), **택법각지**(擇法覺支: 바른 가르침을 선택하고 그릇된 가르침은 버림), **정진각지**(精進覺支: 바른 가르침으로 수행함), **희각지**(喜覺支: 정진하는 수행자에게 평온한 기쁨이 생김), **경안각지**, **정각지**(定覺支: 정신을 집중하고 통일함), **사각지**(捨覺支: 집착을 버리고 있는 그대로 받아들임)를 뜻합니다.

명상에서 마음이 평온할 때, 그 평온함으로 인해 기쁨과 황홀, 축복의 감각이 생길 것입니다. 붓다는 평화의 축복이 가장 행복한 것이라고 했습니다.

집중된 마음은 평화를 경험하며, 이 평화는 우리 삶에서 경험할 수 있습니다. 걷기 명상을 배우고 나면, 상점을 다니면서, 일상생활을 하면서, 한 방에서 다른 방으로 걸어가면서 명상의 일환으로 걷기라는 활동을 할 수 있습니다. 단순히 그 과정과 하나가 되어 걷는 것만을 인식할 수 있습니다. 마음은 현재에 머물고 평화로울 수 있습니다. 이것은 일상생활에서 집중력과 평온을 키우는 좋은 방법입니다.

좌법 명상에서 걷기 명상으로

앉아서 명상하는 동안, 마음이 특정한 명상 대상으로 고요해지면, 걷기 명상에도 같은 대상을 사용할 수 있습니다. 그러나 호흡과 같은 일부 미묘한 명상 대상의 경우, 마음이 먼저 어느 정도 평온함과 안정감을 얻어야 합니다. 마음이 아직 평온하지 않은 상태에서 호흡에 주의를 기울이는 명상을 시작하면, 호흡이란 매우 미묘한 대상이므로 명상이 어려울 것입니다. 일반적으로 발에서 생기는 감각과 같이 다소 거친 대상으로 명상을 시작하는 것이 좋습니다. 좌법에서 걷기 자세로 전이가 잘되는 명상의 대상이 많이 있습니다. 예를 들면 사랑, 친절, 동정심, 기쁨과 평온 등이 있습니다.

앞뒤로 걸으면서 사랑과 친절에 바탕을 둔 광대한 생각을 개발하세요. 모든 존재가 행복하고, 평화를 누리며, 모든 고통으로부터 자유로워지기를 바라세요. 다른 자세로 동일한 대상을 명상하면서, 걷기 명상으로 앉아서 하는 명상을 보완할 수 있습니다.

만트라 선택

걷기 명상을 하는 동안 졸음이 찾아오면, 마음을 고요하게 하는 대신 만트라에 집중해서 보다 집중하고 깨어 있게 해서 활력을 찾으세요. 붓도(Buddho: 부처님)와 같은 만트라를 사용하여 조용히 자신에게 반복해서 말하세요. 마음이 여전히 방랑하고 있다면, 붓도를 아주 빨리 말하면서 매우 빠르게 걸으세요. 걸으면서 붓도, 붓도, 붓도를 암송하세요.

이렇게 하면 마음이 매우 빠르게 집중될 수 있습니다. 만트라의 효과를 보여주는 이야기를 한 가지 들려드리겠습니다. 저명한 명상 수행가 탄 아잔 문(Tan Ajahn Mun)이 태국 북부에 거주하고 있었을 때, 이 지역의 고산족은 명상이나 승려에 관해 아무것도 모르고 있었습니다. 하지만 산악 부족 사람들은 호기심이 매우 많았습니다. 그가 길을 따라 위아래로 걷는 것을 보았을 때, 부족 사람들은 한 줄로 그를 따라갔습니다. 그가 길 끝에서 돌아보았을 때 마을 사람들 전부 거기 서 있었습니다.

그들은 탄 아잔 문이 눈을 내리깔고 앞뒤로 걷고 있다는 것을 알아차리고 그가 뭔가 찾고 있다고 생각했습니다. 그들은 물었습니다. "존경하는 선생님, 뭘 찾고 있는 건가요? 우리가 같이 찾아드릴까요?" 그는 능숙하게 대답했습니다. "나는 붓다, 마음속에 있는 부처를 찾고 있습니다. 여러분도 자신의 길을 걸으면서 부처를 찾으면서 나를 도와줄 수 있습니다." 이 단순하고 아름다운 지시를 통해 많은 주민들이 명상하기 시작했습니다. 탄 아잔 문은 그들이 훌륭한 결실을 맺었다고 말했습니다.

다르마 묵상

다르마(Dhamma), Dharma: 法)의 연구는 깨달음의 요소 중 하나입니다.

길을 따라 앞뒤로 걷는 자연의 가르침과 법칙을 묵상할 수 있습니다. 이것은 무작위로 생각하거나 추측한다는 것을 의미하지 않습니다. 오히려, 그것은 진리와 불법을 지속적으로 반영하고 숙고하는 것입니다.

무상(無常)의 탐구

예를 들어, 변화의 과정을 관찰하고 만물이 어떻게 변하는지를 보며 만물의 무상함을 묵상할 수 있습니다. 모든 경험의 발생과 소멸에 대한 분명한 인식을 발전시킬 수 있습니다. "삶"은 생(生)과 사(死)의 연속적인 과정이며 모든 조건화된 경험은 이 자연법칙의 지배를 받습니다. 이 진리를 묵상함으로써, 존재의 특징을 볼 수 있습니다. 모든 것이 변화의 대상임을 알게 됩니다. 모든 것이 흡족하지 않습니다. 모든 것이 내(我)가 아닙니다. 걷기 명상의 길에서 자연의 이러한 근본적 특성을 탐구할 수 있습니다.

자비와 덕에 집중하기

붓다는 자비와 덕의 중요성을 강조했습니다. 걷기 명상을 하면서 자신의 덕이나 자비를 숙고할 수 있습니다. 앞뒤로 걸으면서 스스로에게 물어보세요. - 오늘, 나는 어떤 선한 행위를 했을까?

한 명상 교사는, 명상 수행자들이 평화를 얻지 못하는 이유 중 하나는 하루 동안 충분한 선행을 행하지 못했기 때문이라고 말했습니다. 선행은 평화를 위한 기초인 평온을 위한 방석과도 같은 것입니다. 친절한 말을 하고, 선행을 베풀고, 자비와 동정심을 품으면서 하루 종일 친절을 베풀었다면, 마음이 기쁨과 환희를 경험할 것입니다. 선행과 그로부터 오는 행복은 집중과 평화를 위한 요소가 될 것입니다. 선행과 자비의 힘은 집중과 지혜의 기초를 형성하는 행복으로 인도합니다.

마음이 불안하거나, 동요하거나, 분노하거나, 좌절할 때, 선한 행위를 기억하는 것은 매우 적절한 명상 주제가 됩니다. 마음이 평화롭지 못할 때, 과거의 선행을 기억하세요. 이것은 자만심을 키우기 위한 것이 아니라 선행의 힘과 유익함을 인식하는 것입니다. 친절과 미덕, 관용의 행위는 마음에 기쁨을 가져오며, 기쁨은 깨달음의 한 요소입니다.

자신이 자비롭게 행동했던 과거를 회상하는 것, 누군가에게 주면서 기뻐했던 것, 자신의 덕을 상기하세요. 순수한 마음, 정직, 진실 등을 생각하고 묵상하세요. 이 모든 것이 걷기 명상의 대상이 될 수 있습니다.